AF278651

OBSERVATIONS

SUR

LA DÉCLARATION DU ROI,

DU 3 MAI 1814.

Par M. le Vicomte Le Prévost d'Iray.

DEUXIÈME ÉDITION.

Prix, 5o centimes.

A PARIS,

Chez **PETIT et CHAUMEROT**, Libraires, Palais-Royal,
Galeries de Bois,

Et chez **LENORMAND**, rue de Seine, N° 8.

1815.

On trouve chez les mêmes Libraires désignés, les Ouvrages suivants du même Auteur.

1° Réflexions sur le rapport de M. Bédoch, du 17 octobre 1814, avec cette épigraphe : *c'est égal, vive le Roi!*

2° Lettres d'un Curé de campagne à un Journaliste;

3° Point de lendemain, (sur la nécessité de rendre Paris au Roi);

4° Stances sur Louis XVI;

5° Sur la convalescence de Monsieur, frère du Roi;

6° Épitre à mes confrères, les auteurs des Dîners du Vaudeville;

7° Les Indiscrétions, ou la politique à la mode.

Enfin, MADAME ROYALE, romance par feue Caroline Desfontaines, femme Le Prévost d'Iray.

PRÉFACE.

Je ne varie point dans mes opinions politiques ; mais dans tous les cas je sais respecter les lois et m'y soumettre. La première édition de ce petit Ouvrage, imprimé le 4 mars 1814, s'étant rapidement épuisée, j'ai pensé qu'il importait, sinon à ma gloire littéraire, au moins à la pureté de mes principes, d'en publier une seconde édition. La Charte n'avait point encore été promulguée, et pour juger un écrit quelconque sans partialité, s'il faut qu'on se reporte à l'époque même où il fut composé, il faut aussi qu'on puisse le retrouver entièrement tel qu'il était alors; l'Auteur n'a pas le droit d'en altérer même les expressions. Je déclare donc que, dirigé par ces motifs, j'ai voulu qu'il n'y eût absolument rien de changé, soit dans le fonds , soit dans la forme de cet Ouvrage, et que cette seconde édition est, en tout point, conforme à la première.

OBSERVATIONS

SUR

LA DÉCLARATION DU ROI.

D'APRÈS cette sage et noble déclaration, moins d'un roi à ses sujets que d'un père à ses enfants, le sénat et le corps législatif désigné par lui sous le nom de *Chambre composée des deputés des départements*, doivent conserver leur existence politique. Le roi s'engage à préparer, à mûrir, avec une commission choisie dans le sein de ces deux corps, un travail qui doit ensuite être mis sous leurs yeux.

Ces dispositions fondamentales, appuyées sur la parole sacrée du monarque, d'un roi de France, doivent être la base de mes observations. Ainsi, respectant les intentions du prince, entrant, en quelque sorte, dans les nobles secrets de sa pensée, je ne dirai rien qui tende à avilir, qui puisse choquer même les membres de l'un et l'autre de ces corps placés, par la déclaration de Louis XVIII, sous l'égide de la royauté. Si toutefois j'étais obligé par la suite de jeter les yeux sur la composition actuelle du sénat, on conçoit que je ne puis pas être plus aveugle que ceux qui en font partie ; que je dois y voir nécessairement ce qui a frappé tous les regards, ce qui est l'objet continuel des médi-

tations d'un grand nombre de sénateurs eux-
mêmes. Qui n'a pas déjà remarqué, long-temps
même avant ce concours d'événements impré-
vus qui permettent enfin à nos cœurs de se
dilater, que ce sénat, composé de tant d'élé-
ments divers, était rempli d'hommes qui, aux
différentes époques de la révolution, ont joué
des rôles si opposés, que leur réunion seule est
un des mélanges les plus bizarres qui ayent jamais été produits par la rapide succession des
bouleversements et des crises politiques? Là se
trouvent mêlés, confondus, enchaînés, en quelque sorte ensemble, les oppresseurs et les oppri-
més! Si donc je suis forcé de rappeler le passé,
de comdamner ce que le projet de constitution,
soumis à la sanction du monarque, présente
d'inadmissible, je ne l'attribuerai, comme notre
chef et notre père commun, qu'à la précipitation
qui a présidé à ce travail.

Il s'est donc flatté encore, ce monarque con-
fiant, de trouver dans le sénat assez de désinté-
ressement, d'amour du bien public, de connais-
sance positive des véritables intérêts de la France,
pour espérer, de concert avec lui et la chambre
législative, établir les fondements d'un édifice
qui ne doit plus être ébranlé par les secousses
révolutionnaires, et doit, au contraire, s'affermir, par le laps des siècles, d'après la garantie
qui nous est rendue, le retour de nos princes
naturels et légitimes. Faisons les vœux les plus
ardents pour que ses espérances ne soient pas
trompées. Confessons même que nous connais-
rons assez d'hommes honnêtes, joignant à de
rares talents, à de grandes lumières, des inten-

tions pures , pour que leurs qualités morales, pouvant désormais se développer sans contrainte, nous garantissent l'impuissance de ceux dont ils n'auront plus à redouter les menées sourdes et les insinuations perfides. Mais n'oublions pas que, jusqu'à l'époque fixée par le roi pour la convocation des corps de l'état, tous les bons Français qui veulent assurer à la patrie un gouvernement à la fois ferme et paternel, léguer à leur postérité l'éternelle protection des lois, doivent être en quelque sorte sur la brèche, concourir de tous leurs moyens à propager les principes propres à affermir en France *l'antique monarchie.*

Pour entourer le monarque de tous les attributs, de tout le charme même qui consolident le pouvoir, sans porter atteinte à nos droits, sur lesquels ceux qui les ont le plus méconnus sont aujourd'hui si prompts à s'alarmer , il faut conserver auprès de lui, concentrer dans sa personne , dans les communications de ses sujets et des étrangers avec lui , dans l'intérieur de son palais , dans la formation de sa maison , tout ce qui est consacré par l'antique privilége des temps et l'irrésistible pouvoir de l'habitude,

Vous réclamez des droits , vous exigez des garanties ! mais ces droits, ces garanties , vous les avez déjà. La parole sacrée de votre roi vient de vous les assurer, et le gage en était d'avance dans son cœur. Quand la liberté publique et individuelle, celle des cultes, celle de la presse , sauf les modifications reconnues nécessaires, sont garanties , ainsi que la dette publique ; lorsque les propriétés sont déclarées inviolables et sacrées, que l'impôt doit être librement consenti, nous avons déjà, dans ce petit nombre d'articles, une grande partie de ce que peut désirer un peuple qui veut être sage ; et le reste, car il est inutile de tout copier, se retrouve exposé avec autant de noblesse que de concision dans cette franche et loyale déclaration de notre roi, qui pose lui-même en principe la nécessité de l'assentiment des corps représentatifs pour donner à ces bases toute la force d'une charte nationale.

Peuple français, que nous reste-t-il donc à faire désormais ? Dans les temps mêmes de barbarie, et dans ces jours désastreux encore trop voisins de nous, où la fureur des duels était parvenue à son comble, le gentilhomme, portant habituellement le fer, arme des combats et garant de son honneur, ne provoquait pas sans cause celui qui ne paraissait, en rien, disposé à l'offenser. Ainsi ces droits une fois reconnus et sanctionnés, ne pouvant plus être considérés que comme des armes de précaution contre ceux qui, à l'avenir, seraient tentés de les violer, doivent demeurer jusques-là, sinon oubliés, au moins étroitement renfermés dans nos archives. C'est l'épée qui doit rester dans le fourreau. O vous qui voulez sincèrement le bien, vous n'avez donc plus rien à faire pour vous, ou plutôt pour nous-mêmes ; c'est pour la royauté que vous devez agir et stipuler maintenant. Les lois fondamentales de cette vénérable monarchie française, la plus ancienne de l'Europe et du monde, ces lois d'autant plus respectables, d'autant plus saintes, qu'elles n'ont point été écrites dans le principe, elles ne sont pas anéanties. Ne dédaignez pas de les rappeler à votre mémoire ; essayez de les

mêler, de les confondre, en quelque sorte, avec
cette belle déclaration du petit-fils de Henri IV,
où il semble s'oublier lui-même, pour ne s'occu-
per que de nous, et vous aurez le pacte social le
plus complet du continent. Votre seule loi salique,
dont le principe avait été respecté pour fonder la
tyrannie de celui même qui ne respectait rien,
vous donne également sur vos plus proches voisins un avantage que toutes les lumières de leurs
sages publicistes, que tous les ressorts et les
contre - poids de leur politique n'ont point
encore balancé. Faites un rapprochement des
guerres étrangères et civiles nées les unes des
autres ; représentez - vous, si vous le pouvez,
tous les torrents de sang qui ont coulé, par l'effet seul de cette imprévoyance de leurs pères,
chez les peuples privés, en naissant, des heu-
reuses prérogatives de cette loi salique, et vous
aurez offert vous-mêmes à vos méditations une
des leçons les plus sublimes, un des traités les
plus philosophiques que puisse présenter l'his-
toire moderne. Il en est de même de beaucoup
d'autres lois, de vieux usages et d'anciens principes conservateurs de l'ordre social, et de la
sainte alliance qui existait déjà entre les peuples
et leurs rois, quand ces derniers, au champ de
Mars, pour toute pompe et pour tout cérémo-
nial représentatif de la royauté, étaient élevés
sur le bouclier aux yeux de la nation assemblée.

En ôtant à nos provinces leurs dénominations
primitives, l'assemblée constituante a eu pour
but principal d'effacer les traces d'anciens pri-
viléges nationaux, de niveler toutes les condi-

tions des différents peuples qui composent la France ; mais ces peuples eux - mêmes ont-ils oublié l'orgueil de leurs anciens noms ? Eh comment la nation entière oubliera-t-elle ce qu'elle eut de plus sacré ? Les Flamands, les Lorrains, les Bourguignons, les Francs-Comtois, les Lyonnais, les Gascons, les Béarnais, les Normands, les Bretons, et tant d'autres, vivent encore et vivront éternellement dans le souvenir de leurs voisins comme dans leur propre souvenir. Quand celui qui naguères était tout, et qui, pour le bonheur du monde, n'est plus rien aujourd'hui, fit dans les dernières tentatives de sa tyrannie, un appel à toute la France, lui-même pour la première fois il sentit la nécessité d'avoir recours à cette impérissable puissance, à ce rare prestige des noms qui eût fait des miracles dans un autre temps et pour une autre cause. Mais sa voix sépulcrale semblait sortir du fond des enfers qu'il avait encombrés de victimes, et déjà il n'évoquait plus que des ombres. Conservons donc, s'il le faut, nos départements ; mais, par respect pour ce qui existe, ne permettons point à nos idées de se retrécir, ne brisons point nous-mêmes tout ce qui peut nous relever à nos propres yeux, et conserver tout l'éclat de la monarchie.

Quelle douce sécurité pour l'avenir a passé dans mon âme ! quelle émotion j'ai éprouvée, en lisant, en tête de la déclaration de notre Roi, *Louis, par la grâce de Dieu*, roi de France et de Navarre. Oui, *par la grâce de Dieu.* Oui, c'est celui qui dirige tout à son gré, qui l'a miraculeusement rendu à notre amour. Jamais la protection de la Providence ne s'est manifestée d'une manière plus étonnante en notre faveur, et nous pouvons dire avec le saint pontife Joad :

Eh! quel temps fut jamais plus fertile en miracles?

Le ciel qui châtie les peuples, et aveugle comme il lui plaît ceux qui les gouvernent, a permis que l'excès du despotisme lassât une patience qui n'avait point de bornes ; qu'un homme qui comprimait toute l'Europe par la terreur de ses armes, imaginât et tentât d'exécuter le projet le plus gigantesque, le plus extravagant qui ait jamais été conçu depuis l'origine du monde ; que le malheur, qui élève les grands courages et achève de dégrader les cœurs lâches, mît à découvert toute la perversité de ses pensées et toute la bassesse de son âme; enfin, que tout le charme de l'imposture fût rompu à la face de l'univers. Qui de nous ne s'écriera point avec le chantre de la religion, dont le chant quatrième commence par ces vers, devenus pour nous une véritable prophétie ?

> Les empires détruits, les trônes renversés,
> Les champs couverts de morts, les peuples dispersés,
> *Et tous ces grands revers* que notre erreur commune
> Croit nommer justement les jeux de la fortune,
> Sont les jeux de celui qui, maître de nos cœurs,
> *A ses desseins secrets fait servir nos fureurs;*
> Et *de nos passions* réglant *la folle ivresse,*
> De ses projets *par elle* accomplit la sagesse.

Sauvés aujourd'hui par la main de Dieu même, c'est à nous à soutenir son ouvrage. Ce n'est point un roi *des Français,* c'est un roi de *France* qu'il nous faut ; et puisque c'est dans la personne du bon Henri que ce petit royaume de Navarre, démembrement de l'ancien royaume de ce nom, a été une seconde fois réuni à la couronne de France, pour n'en plus être séparé jamais, éternisons un si doux, un si glorieux souvenir. Révérons ce que les temps, les lieux, les noms eux-mêmes, les bienfaits d'une part, la reconnaissance de l'autre, l'amour de tous côtés, ont rendu respectable à nos yeux ; ne touchons point à l'arche sainte, et qu'à jamais notre digne roi soit, comme le bon Henri, le roi de France et de Navarre.

La religion elle-même n'a-t-elle pas ses droits à réclamer dans le plus beau des titres de nos rois, titre qui se perd dans la nuit des temps et remonte jusqu'aux fondateurs de notre monarchie ? Oui, ce titre de *Roi très-chrétien*, que des Vandales seuls pourraient disputer à notre auguste monarque, ne semble-t-il pas lui-même garantir à-la-fois la sûreté de l'église, la paix de l'état, l'orgueil du peuple, et la gloire du prince ?

Qui de nous n'a pas encore senti ses yeux s'humecter de douces larmes, en lisant parmi les titres glorieux de Monsieur, frère du roi, un autre titre encore à peine remarqué naguères par l'effet d'une longue habitude, mais aujourd'hui si doux, si touchant, si consolant pour nous, celui de *Fils de France !* Heureux titre, qui n'a point été profané dans ces jours d'usurpation et de brigandage, qui méritait bien d'être l'héritage exclusif et non contesté de nos princes légitimes ! Ce n'est point à des particuliers, à leur famille uniquement, ce n'est point à leurs seuls contemporains qu'ils appartiennent ; ils tiennent essentiellement et par des liens indissolubles au sol, à ce sol qui fut long-temps une terre d'exil pour eux ; ils appartiènent à la patrie qui les réclame et veut continuer de les nommer ses enfants.

Enfin ce n'est pas seulement Louis-Stanislas-Xavier, c'est Louis XVIII que nous voulons. Consacrons encore également ce titre qui se rattache naturellement, par une chaîne non interrompue, à l'ancienne liste de nos rois. Que la France, que l'Europe entière apprènent par-là que nous avons toujours été les enfants des Bourbons ; qu'au gré de nos vœux secrets la royauté ne s'est point éteinte en France ; que l'innocent et malheureux enfant de Louis XVI a recueilli, au moins dans nos cœurs, cette triste part de l'héritage paternel. Qu'on nous laisse cette illusion, si c'en est une, en dédommagement de tout ce que nous avons souffert à dater du jour, jour de deuil, où le règne de l'orphelin a commencé par l'assassinat de son père !

Gardons-nous donc de maintenir cette insignifiante dénomination de *Roi des Français*, qui a fait la perte du meilleur des hommes. Certes, on n'aura pas désormais l'audace de nous le présenter comme un fantôme des droits du peuple, comme un épouvantail contre la tyrannie, quand on se rappèlera qu'il n'avait lui-même que le titre d'*Empereur des Français* celui qui n'a respecté ni les propriétés, ni la vie, ni l'honneur de ceux qui la veille étaient ses égaux, s'il pouvait exister entre lui et nous les moindres rapports d'égalité. Enfin, souvenons-nous que le crime de quelques factieux peut entraîner la perte d'un roi constitutionnel, qu'un Roi de France et de Navarre est à l'abri de leurs atteintes.

Il ne me reste plus à faire qu'un petit nombre d'observations auxquelles je dois d'autant moins m'arrêter, qu'il ne m'appartient pas de tracer à notre roi la conduite qu'il lui reste à tenir dans les circonstances actuelles ; qu'un roi si sage (tout nous en offre la preuve) n'a pas besoin de suggestions étrangères, pour être éclairé sur les vrais intérêts de son peuple, puisqu'il suffit de réfléchir sur sa propre position et sur celle de la France, sur l'engagement qu'il vient de contracter envers les corps de l'état, pour juger qu'aujourd'hui, quelle que fût notre prédilection pour la forme représentative déterminée d'une manière plus durable, *nous ne sommes point encore arrivés au moment* de réaliser en France le système de la constitution anglaise ; qu'enfin la latitude nécessaire que doit conserver le roi d'augmenter le nombre des sénateurs, appèle à ces augustes fonctions, concurremment avec les plus habiles administrateurs et les plus intègres magistrats, un certain nombre de braves qui, soit en honorant la France par leurs victoires, soit en s'attachant à la personne du prince dans toutes les vicissitudes de son exil, ont également servi l'état les uns et les autres, et ne peuvent manquer de faire prospérer, par la sagesse de leurs conseils, cette même patrie que leurs bras ont défendue et défendraient encore, si la cause de l'humanité ne les forçait enfin de conserver à la France les restes précieux d'un sang toujours prêt à couler pour elle. Mais ne perdons point de vue que cet écrit a dû se borner à quelques légères observations sur la *Déclaration du Roi*. Qu'elles restent éternellement gravées dans nos cœurs les premières expressions

de cette touchante déclaration ! « Rappelé par
» l'amour de notre peuple au trône de nos pères,...
» notre première pensée est d'invoquer cette
» confiance mutuelle si nécessaire à notre repos,
» à son bonheur. »

Oui, Sire, vous pouvez vous le rendre à vous-
même ce glorieux témoignage, qu'appelé en
France par le vœu général qui ne peut avoir sa
source que dans les plus douces émotions du
cœur, vous l'êtes par l'amour le plus vrai, le
plus profondément senti, par cet amour dont
votre âme toute royale avait déjà remarqué les
vives impressions, les transports unanimes à Bou-
logne, à Compiègne, à Saint-Ouen, enfin sur
toute votre route, mais dont vous n'avez pu con-
naître l'étendue que le jour même de votre entrée
dans Paris ; jour à jamais mémorable qui vous
arracha, avec un torrent de larmes, ces paroles
élancées du fond du cœur : « Tout m'annonçait
» que je serais bien accueilli des Français ; mais
» pouvais-je prévoir jamais une aussi délicieuse
» réception ! Et c'est vous qui nous demandez
une confiance mutuelle, gage de votre repos
et de notre bonheur ! L'implorer de cette manière
cette précieuse confiance, c'est déjà l'avoir ins-
pirée soi-même !

www.ingramcontent.com/pod-product-compliance
Lightning Source LLC
Chambersburg PA
CBHW071659030726
47598CB00005B/2142